AF249820

# RÉPONSE

# A M. THIERS,

## A PROPOS DE SON LIVRE

# DE LA PROPRIÉTÉ.

La vie privée, la vie politique, tout doit
être honorable,
L'abus de confiance est une escroquerie
l'escroquerie est un vol de confiance.

GUINIER.

## Vendu au profit des Pauvres.

### Prix : 15 centimes.

# PARIS,

## CHEZ M. CHARPENTIER, LIBRAIRE,

**Galerie d'Orléans, 16, Palais-Royal,**

ET CHEZ TOUS LES LIBRAIRES.

## 1848.

# RÉPONSE

# A M. THIERS,

A PROPOS DE SON LIVRE

## DE LA PROPRIÉTÉ.

> La vie privée, la vie politique, tout doit
> être honorable ;
> L'abus de confiance est une escroquerie,
> l'escroquerie est un vol de confiance.
> GUINIER.

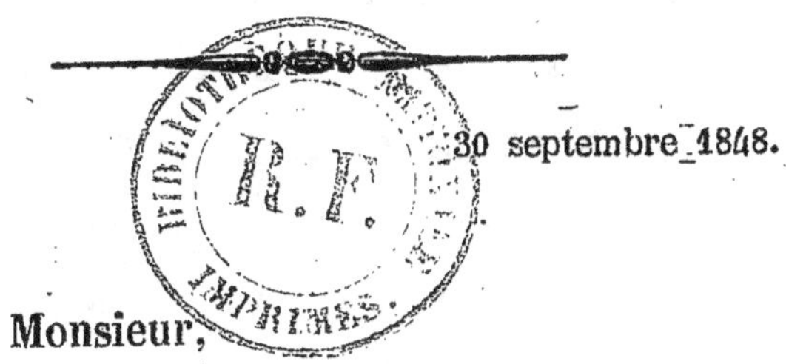

30 septembre 1848.

Monsieur,

Avec quel esprit, quel talent vous faites voir que noir est blanc ou que blanc est noir.

Vous défendez la propriété ?

Qui l'a attaquée ? Personne ! non, personne !

C'est votre esprit, votre imagination, et celui d'autres, qui ont prôné ces fausses idées, qui les ont admises, fait admettre, et, par suite en fractionnant les partis, fait nos divisions, nos malheurs à votre profit seulement.

Vous, monsieur, vous, mieux que personne, vous savez parfaitement, car cela vous a été dit, que ce qu'entendaient ceux qui, soi-disant, attaquent la propriété, comprenaient par ces mots, *les priviléges*.

L'expression de leur pensée n'est pas heureuse, nous ne l'approuvons pas. Mais comment vous, homme si savant qui pourriez tant faire de bien si vous le vouliez, faites-vous le mal *avec connaissance de cause?* Vous vous placez au point de départ, à côté de la question; et avec votre esprit injuste, vous animez les uns contre les autres, en défendant une chose qui n'est pas attaquée, vous servant justement des mêmes moyens pour faire admettre vos mensonges, que vos adversaires pour démontrer leur erreur (quant aux mots), mais non pas quant à la question de fond, le principe, en attaquant les priviléges.

Il est à remarquer que vous justifiez la propriété par le travail, le droit de dons par le travail, enfin toute la possession et les droits qui en découlent par le travail. Oh! merci, monsieur, merci! car vous prouvez d'une manière bien évidente que dutravail seulement naît toute fortune, et que toute richesse découle du travail.

A un raisonnement si spirituel et si frappant de vérité, ne pouvant vivre que sur le travail, d'après vous, voudrez-vous bien me permettre une simple question?

Pourquoi donc, puisque l'on ne peut vivre que par le travail, avez-vous fait échouer ce droit? Vous voulez donc que les travailleurs soient misérables?

Puisqu'on ne peut rien posséder que par le travail, en refusant de faire travailler celui qui ne possède rien, ce que vous pouviez accorder (1), que peut faire le travailleur? ou voler, ou mendier, ou mourir de faim? Répondez.

La propriété est pour tous aussi respectée que par vous-même; et, comme preuve évidente de mes assertions, je vais vous rappeler les paroles de ceux que vous attaquez aussi calomnieusement.

(1) Cette question est résumée et prouvée dans une brochure ayant pour titre : *La vérité pour sauver la France de la ruine et tous les Français de la misère*, vendue au profit des pauvres, prix 1 fr. 50 c.

En vente, au dépôt, chez M. Lelogé, rue Saint-Etienne-Bonne-Nouvelle, 15, à Paris.

Chez M. Charpentier, libraire, Palais-National, galerie d'Orléans, 16, et chez tous les libraires.

Un citoyen (2) a dit : La vraie propriété est celle produite par le travail.

Un autre citoyen (3) a dit aussi : Qui dira que toute la révolution de Février n'est pas le droit au travail !

Donc, monsieur, nous sommes tous d'accord, d'après votre livre, au point de départ : vous justifiez la légalité du produit du travail. C'est un fait admis par tous.

Ce sont les moyens avec lesquels on acquiert cette propriété qui sont mis en doute, que je vous défie, moi, de justifier :

Par exemple, de justifier la légalité des propriétés acquises par les produits du jeu de bourse, quand on sait à l'avance une mauvaise nouvelle ;

La propriété acquise par les banquiers qui exploitent les commerçants, par suite du privilége de la Banque et tolérance de la loi ou des juges ;

La propriété acquise par les avocats, se faisant payer quand ils perdent les causes qu'ils plaident ;

(2) M. Pierre Leroux, représentant du Peuple.

(3) M. Proudhon, représentant du Peuple.

La propriété acquise pour l'argent prêté d'une manière usuraire.

Remarquez bien surtout que vous m'avez donné gain de cause ; car vous assimilez l'usure au brigandage.

Que sont donc les banquiers, les capitalistes, si ce ne sont pas des usuriers tolérés et autorisés (4) ?

Vous serez surpris sans doute, monsieur, qu'un inconnu, sans réputation littéraire, ose réfuter ce que vous avancez, et accepter le défit que vous jetez si hautainement à la face de tout homme.

Il m'est facile de me justifier. Si je ramasse le gant jeté avec tant d'orgueil, c'est que je suis dans le vrai, et qu'à mes yeux il est impossible que l'erreur ne s'éclipse pas devant la logique et la justice de *la vérité*. Ce gant que j'accepte, ce n'est pas le gant jeté par l'homme, non certainement ; aussi, monsieur, ce n'est pas à la personne que je m'adresse : c'est à l'erreur du spiritualisme, esprit éminent et puissant, qui peut prouver qu'il a tou-

(4) Toutes ces questions sont analysées et prouvées sans réplique ainsi que les moyens de supprimer la faillite dans la susdite brochure.

jours raison, mais qui ne changera pas *le vrai*, les faits, ni les choses ; car, des faits à l'esprit, la différence est immense : elle est du tout à rien, elle est de *néant à tout*.

Ainsi, vous aurez beau prouver par votre esprit que l'on veut vous voler vos propriétés, cela n'est pas vrai ; car on ne vous les a pas prises.

Vous aurez beau dire, avec votre esprit, que les affaires reprennent, ce n'est pas vrai ; bien au contraire, la misère augmente par suite des non paiements et manque de travail.

Vous aurez beau dire, avec votre esprit, que l'on est heureux, vous pouvez l'être vous et vos pareils, heureux et satisfaits ; mais quant aux autres, ce n'est pas vrai, car les travailleurs n'ont pas de quoi manger : ils ont vendu leurs vêtements, toute l'industrie liquide, et la propriété est sous le poids de l'expropriation.

Vous aurez beau dire tout cela et les grands journaux aussi, vous direz spirituellement des mensonges, mais vous ne changerez pas les faits.

Vous ne changerez pas que les industriels ne vendent rien, ne font pas de quoi payer leurs frais ;

et au fait, pourquoi ne pas le dire : que moi, qui
d'ouvrier suis parvenu honorablement, j'ose l'affir-
mer, à gagner dans mon industrie quelque argent,
comme tous les autres industriels j'en ai perdu
moitié ; que je ne fais pas le 8$^{me}$ des ventes ordi-
naires, et que je ne peux être payé par mes débi-
teurs, parce qu'on ne peut se décider à poursuivre
un honnête homme quand il n'est pas payé lui-
même, ni un autre qui est à la campagne, attendu
les frais, les délais et la perte de sa clientèle ; qu'enfin je ne peux occuper autant d'ouvriers que je dé-
sirerais, manquant d'argent qui m'est dû pour les
payer.

Ce qui est pour moi est pour mes confrères ; ce
qui est pour mes confrères est pour les autres in-
dustries, et tous de même. Vous aurez beau avoir
de l'esprit, vous ne changerez pas ces faits, mieux
que personne, vous connaissez la cause du mal.

*C'est le manque de numéraire, ou plutôt c'est
qu'il se prête trop cher, parce qu'il est rare.* Vous
connaissez le moyen de le multiplier, partant de
faire travailler. Votre conscience l'approuve, je

pense ; mais votre égoïsme et celui des financiers le repousse.

Voici le moyen : ce sont les billets hypothécaires proposés par la Banque immobilière. Vous n'en voulez pas, parce que l'argent rapporterait moins ; voilà toute la cause qui vous fait le refuser.

Voilà pourquoi, monsieur, je me suis décidé à écrire, malgré mon inexpérience et mon isolement ; voilà pourquoi je me suis décidé à dire la vérité, la vérité tout entière de notre position, et indiquer à tous les moyens de nous sauver de la misère (5).

Voilà pourquoi moi, industriel, je n'ai pas craint de réfuter ces infâmes mensonges au nom de tous les honnêtes travailleurs et industriels. Quand on les dit heureux, et que c'est faux ; quand on dit que les affaires vont mieux, et que c'est un mensonge ; enfin, quand on fait croire avec de l'esprit à tous ceux qui ne manquent de rien que personne n'est malheureux, et que c'est une erreur ; quand on entasse mensonge sur mensonge par erreur ou

(5) Question résolue et prouvée dans la brochure citée.

mauvaise foi, il y aurait lâcheté de ne pas protester énergiquement, connaissant les causes du mal.

Vous justifiez le travail en lui accordant les châteaux , le luxe et l'infini de la possession ;

Les greniers remplis par le travail du cultivateur.

Tout cela est juste, est vrai, et serait magnifique, s'il en était ainsi.

Mais aucun, non aucun de ces travailleurs, au nom desquels vous justifiez la propriété ne possède tout cela. C'est un mensonge inouï.

Vous savez mieux que personne que les travailleurs ne gagnent pas de quoi être riche, ou ce sont des exceptions rares.

Ce qui empêche que l'industriel, le cultivateur et le travailleur ne so ient heureux , c'est le numéraire qui l'exploite et qui en est l'assassin moral.

Ceux qui possèdent, ce sont les législateurs, le barreau et la haute finance.

Je vous défie, à mon tour, de me prouver le contraire.

Bien mieux , je vous défie encore de prouver par

quel travail utile tous les grands possesseurs ont acquis leur propriété.

D'autres que je ne nommerai pas, je vous défie aussi de justifier par quel travail (rendant service à tous, comme vous dites, pour être respectables) ils ont acquis leurs possessions.

Il n'y a pas un travailleur de votre âge qui n'ait travaillé le double de vous. Vous, vous êtes riche ; lui, il faut qu'il meure de faim.

C'est que vous avez été bien payé pour votre travail ; mais le travailleur, pas assez pour le sien.

Voilà la question tranchée ; car, la main sur la conscience,, dites-moi si un homme qui gagne 3 fr. par jour, ou 900 fr par an, ayant femme et enfants, peut mettre de l'argent de côté. Je ne le pense pas ; et vous devriez vous rappeler peut-être plus souvent qu'à une époque passée, vous avez été à même d'apprécier la vérité de ce fait.

Combien de services vous pourriez rendre à la France si vous le vouliez. Mais non, vous ne le voulez pas ; vous êtes dans l'erreur, vous voulez y rester quand même instinctivement, fatalement, en donnant le change aux questions posées, avec votre esprit partial pour conserver des priviléges qui feront écrouler la société. Mais sachez-le bien, dans ce bouleversement général, les privilégiés se trouveront entraînés par la chute de l'édifice social, où une grande partie succomberont.

Vous êtes, vous Monsieur, politiquement parlant, l'homme le plus éminent de l'époque.

Je suis honnête homme, mais je suis le plus complètement inconnu en littérature.

Entre vous et moi il y a deux choses : le vrai et le faux. Lequel est le vrai? lequel est le faux? La brochure citée le dira à votre conscience. Pourra-t-elle le faire comprendre à votre esprit?

Vous parlez de justice sans privilége, Monsieur. Un grand acte de justice et d'égalité serait de publier cette lettre dans le journal qui a publié votre livre, afin que les lecteurs jugent. Si cela était fait, ce serait très bien ; si on ne le fait pas, vous serez injuste. Votre conscience le décidera et le public jugera.

Vous avez dit que vous justifieriez Dieu des accusations portées contre lui.

Croyez-moi, monsieur, Dieu n'a pas besoin de vos justifications.

Ce que je vous défie de justifier, c'est qu'on ait fait payer 45 centimes d'impôt à tous les citoyens, ce qui était juste ; mais pourquoi rien aux propriétaires de finances, rien aux propriétaires des rentes sur l'Etat, enfin rien aux propriétaires de rentes hypothécaires, et tout au pauvre prolétaire qui ne travaille pas , à l'industriel ruiné , au propriétaire sans propriétés (par les dettes que certains ont contractées).

Justifiez-vous de ces faits et d'autres encore que je pourrais vous dire ; vous les connaissez je suis trop polis pour vous les rappeler ; alors après, je comprendrai *peut-être* que vous osiez écrire que vous justifiez Dieu. Savez-vous, monsieur, que pour écrire cela , il faut être bien audacieux , bien présomptueux surtout.

Les accusations qui sont adressées à Dieu sont faites par des citoyens qui reconnaissent l'impuissance de la loi des hommes et les adressent à Dieu, de guerre lasse, pour se donner le courage de respecter Dieu même dans l'humanité.

Un dernier mot, vous, monsieur, législateur éminent, est-ce bien la question, *quand nous sommes
tous malheureux*, de faire de l'esprit, de justifier
la propriété qui est respectée par tous?

Non, certainement; non, mille fois non; voici
toute la question, celle de laquelle vous devriez
vous occuper, savoir : *si on peut réorganiser la société avec les anciens priviléges du numéraire, des
législateurs de la Bourse et du barreau.*

C'est votre pensée, car vous restaurez les choses,
et sous un autre nom, sans penser à l'industrie ni
aux travailleurs, vous vous occupez de vous.

Moi, je défie qui que ce soit de reconstituer la
société, sans l'abolition des priviléges, c'est impossible sans cela; la suite apprendra qui a raison.
Quoi que vous en disiez, il y a plus de priviléges à
mettre sur l'hôtel de la patrie en 1848, qu'à la
première révolution; car à cette époque on y a mis
les principes. A nous d'y substituer les faits, l'esprit nous a émancipé politiquement; les faits nous
rendront tous heureux.

La brochure citée plus haut, vous le démontrera suffisamment; s'il en est autrement, je vous le démontrerai quand vous le désirerez.

Soyez bien persuadé que je ne me fais ici l'apôtre de personne, d'aucune doctrine, d'aucune erreur; je vois les choses telles qu'elles sont et non pas tel que l'esprit des intéressés disent qu'elles sont; j'ai la foi intime que l'on peut réorganiser le monde l'un par l'autre avec de la franchise, de la loyauté, de la justice, mais je suis bien convaincu aussi, que l'on ne peut faire que du mal, et nous mener à l'anarchie par la médisance, la calomnie et l'esprit envenimé d'égoïsme personnel.

Je vous engage donc d'être plus vrai, plus pacifique à l'avenir, ou vous pourriez nous faire croire que vous avez juré tous ensemble de ruiner les Français et de faire succomber la France par la ruine de tous. En suivant les principes ci-dessous, desquels je vous engage de ne pas vous écarter, si vous désirez que nous soyons tous heureux, vous serez certain de sauver la France.

Tout émane de Dieu, châtiment, récompense,
Voix de l'âme, parlez; bouches, faites silence,

Pas de vertus sur terre avec la fausseté,

Point de vices non plus avec la vérité.

Le mensonge ne sied qu'aux pervers, race immonde,

*La vérité,* voilà le grand sauveur du monde.

T. GUINIER.

---

Imprimerie de BUREAU et Ce, rue Coquillière, 22.